내 모습 이대로

내 모습 이대로

초판 1쇄 발행   2025년 11월 14일

지은이 | 김정석
만든이 | 이한나
펴낸이 | 이영규
펴낸곳 | 도서출판 그린아이

등록 연월일 | 2003. 12. 02.
등록 번호 | 제2-3893호
주소 | 서울특별시 은평구 녹번로 6-11, 201호
전화 | 02)355-3035
이메일 | gmh2269@hanmail.net

ⓒ김정석, 2025

책값은 뒤표지에 있습니다.
잘못 만들어진 책은 바꾸어 드립니다.
무단 전재 및 복제를 금합니다.

ISBN 979-11-91376-60-9(03810)

내 모습 이대로

김정석의 일곱 번째 시집

그린아이

작가의 말

일곱 번째 시집을 내면서

째깍거리는 초침이 80년을 넘기고도
쉬지 않고 가는구나
에너지가 있을 때는 그래도
해 뜨면 일어나고 해 지면 쉬었는데
에너지가 딸리니까 새날과 계절의 설레임이 줄어
개이거나 흐리거나 그날이 그날이라

문득문득 떠오르는 메시지가 아까워
모은 것들이 아까워 책에 담았습니다.
다른 이를 위함보다 자신이 남기고 싶어 쓴 글
단 한 줄이라도 교훈이 되고 공감한다면
그것만으로도 보람이 되겠습니다.
시평과 조언도 들을 수 있기를 기다리겠습니다.

차 례

작가의 말…4

제1부
사명자의 길

내일은 늦으리…12
사명자의 길…13
인생을 알려면…14
나의 바람…15
빛과 어둠…16
세미한 소리…18
돌이킬 수 없는 것…19
구름처럼…20
돌아보지 마라…21
웃으시는 이…22
우리의 무지…23
부르고 싶은 이름…24
함께할 지체들…25
나의 꿈…26
외치는 자의 소리…27
감사 철학…28
영원을 사모하며…29
생각할 자리…30
결단력…31
여보게 친구…32

차 례

제2부
외치는 자

내 모습 이대로 1…34
내 모습 이대로 2…35
내 모습 이대로 3…36
내 모습 이대로 4…37
변화…38
경계선…39
외치는 자…40
하늘의 소리…41
이유 없는 눈물…42
내 백성을 위로하라…44
정복자…45
온전한 사랑…46
하나님의 사람…47
죽음의 복…48
AI 시대…49
하나님을 웃기는 자…50
광복절…51
일어나라…52
멈추면 끝난다…53
복수…54
섬김…55
축복의 시 1…56

차 례

제3부
내 주여 도우소서

두려움…58
신이 주시는 복…59
내 주여 도우소서…60
나의 간구…61
망할 자…62
인생…63
가야 해…64
욥의 경고…65
사기꾼…66
아비 마음…67
나의 기도…68
아침에 눈을 뜰 때…69
올해는…70
봉선화…71
너는 누구인가…72
요양병원…73
미래 시대는…74
고난과 함께한 민족…76
우리가 부를 노래…77
우리가 머물 자리…78

차 례

제4부
나의 자손들에게

나의 자손들에게…80
설레임…81
우리가 어이할꼬…82
이 손 잡고 가소서…83
내 자식들에게…84
노인이 사는 집…85
우리의 무지…86
담쟁이…87
가야인의 노래…88
첫사랑…90
배 떠난 뒤에…91
어깨동무…92
도구와 무기…93
난세의 영웅…94
분량…95
어미의 눈으로…96
바람 앞에…97
소인배들…98
하나밖에 없는 당신…99
너와 나는…100

차 례

제5부
잠들 수 없는 밤

나는…102
내 마음…103
시작과 끝…104
잠들 수 없는 밤…105
위하는 사랑…106
몸…107
힘든 인생…108
힘의 세상…109
가을의 열매…110
이별…111
그날이 올 때까지…112
살아 있을 때…113
자손들아…114
지도자는…115
폭풍 속에서…116
기다림…117
바람아…118
전에는…119
오판…120
노화 증세…121
물…122

차 례

제6부
시작과 끝

빛을 가린 자들…124
우리가 침묵하면…125
불꽃…126
시작과 끝…127
서약…128
구인 광고…129
우리가 만나야 하는 이…130
이제 그만…131
무척산…132
신어산…133
장미가 피거든…134
그러지 마라…135
역설…136
나는 시를 쓸 때…137
꾸러기들…138

작품 평설/김홍식:간결한 시어의 간절한 외침…139

―제1부―

사명자의 길

내일은 늦으리

보고 싶은 이 있거든
지금 가거라
내일은 없을 수 있으니까

하고 싶은 말 있거든
지금 해라
내일은 말할 수 없을 수 있으니까

하고 싶은 것 있거든
지금 해라
내일은 할 수 없을 수 있으니까.

사명자의 길

헐떡이며 가는 길
그래도 안 가면 안 되는 길

힘들어도 끝날까지 가야 하는
주인의 목적 따라 가야 하는 길

전갈과 가시밭길이라도
밟고 헤치고 가야 하는 길

그곳까지 그날까지 사명 위해
가고 또 가야 하는 길.

인생을 알려면

인간을 알려면
흙을 알아야 하고
자연을 알려면
초목을 알아야 한다

물고기를 알려면
물을 알아야 하고
자식을 알려면
부모를 보아야 한다

모든 것을
주어보고 없애보면
그의 겉과 속이 보인다.

나의 바람

사는 날 동안
기력이 쇠하지 않고
시력이 흐리지 않아
가족을 힘들게 하지 않기를 바란다

이 땅에 전하기 원하시는
하나님의 뜻을 방방곡곡에
전하다가 가고 싶다

나의 자녀 손들이
번창하고 창대해서
정복하고 다스리는
자들이기를 바란다.

빛과 어둠

빛을 등지면
어둠이 인도하고
어둠을 등지면
빛이 인도한다

아침해가 떠오르면
어둠이 물러가고
세상에 빛이 지면
어둠이 세상을 점령한다

빛과 어둠은
공존할 수 없고
선과 악과 물과 불도 그러하다

무신론자와 유신론자가
공존할 수 없고
기독교와 공산주의는
공존할 수 없다

바깥이 어두워도
안은 밝아야 하고
빛이 있는 세상은
밝은 세상이다.

세미한 소리

초목을 춤추게 하는 빗소리와
산과 바다에서 들려오는
신비한 자연의 소리 들어보자

아가의 울음소리 들은 어미같이
고난에 짓눌려 신음하는
지친 세미한 소리를 들으라

지붕 위로 날아다니는
세상 소리와
신비롭고 거룩한
하늘의 세미한 소리를 들으라.

돌이킬 수 없는 것

지나간 세월은
돌아오지 않고
흘러간 물은
다시 흐르지 않는다

떠난 자 기다리지 말고
죽은 나무에 물 주지 마라

운다고 죽은 자가 살아나더냐
밤을 낮으로 바꾸겠느냐.

구름처럼

왕과 하인과
죄인도 묻히고
의사와 환자가
화장실에서 재가 된다

규범과 규약과 통제도
목적도 없이
흩어지고 뭉친다

광활한 곳을 넘나드는 구름은
언제나 자유롭다.

돌아보지 마라

어제는 돌아오지 않고
흘러간 물과 같다

원점과 끝은 같지 않으니
미련 없이 돌아보지 마라

죽은 나무 물 준다고 살아나더냐
재가 담긴 항아리 안고 울지 마라.

웃으시는 이

롯의 사위들은
장인의 말을 농담으로 여겼고
노아시대는 노아의 외침을
농담으로 들었고
바로는 홍해 앞에서
이스라엘 백성을 보고 웃었다

저항할 힘 없는 자들을 짓밟는 자들이
그들이 믿는 신까지 조롱할 때
그들의 신은 침묵하셨으나
보고 들으신 이가 깨끗이 정리하셨다

만물을 그의 귀와 눈으로 삼으신 이가
밤낮 땅과 바다와 하늘에서
카메라와 녹음기를 들고 웃으신다.

우리의 무지

젖을 빨면서 잠자면서
듣고 보고 배워서
배운 대로 사는 인생

따라하는 시청각 교육에서
머리로 생각하고
몸으로 행동하는
교육으로 사는 AI시대로 산다

하늘은 높고 세상은 넓어
보고 듣고 배울수록
알 수 없는 것이
자연과 우주와 영원이라

올라가고 깊이 파고
배우고 연구할수록
알 수 없는
자연과 우주와 생명의 신비.

부르고 싶은 이름

나를 업고 동네방네 다니시며
내 이름을 부르셨던 내 아버지

눈 덮인 산자락에 누워 계신
내 아버지 곁에 눕는 날
밤이슬 맞으며 불러보렵니다

무엇이 그리 바빠
등에 업힌 나를 내려놓고
가셨습니까?
그곳에 가는 날
목놓아 부르겠습니다.

함께할 지체들

많은 악기소리가 더 아름답고
많은 물소리가 더 웅장하다

굶주린 자는 먹을 것을 찾고
아프면 의사와 약을 찾는다

각 지체가 고장나면
운명을 같이하는
각 지체가 함께 아파한다.

나의 꿈

나는 저 밤하늘의
별이 되고 싶고
우주를 떠다니면서
여행하고 싶다

나는 넓고 넓은
바다가 되고 싶고
나는 자유롭게 나는
새가 되고 싶다

눈물과 고통 없고
자유와 평화가 있는
그곳에서 내 사랑과
영원히 살고 싶다.

외치는 자의 소리

만민들아 하나님의 눈으로
세상을 바라보아라

군왕들아 어미 마음으로
백성을 돌아보아라

주의 종들아 목자의 마음으로
주의 양들을 돌아보아라.

감사 철학

자신의 존재 가치를 아는 자는
땅과 하늘과 모든 자연이
나를 위함임을 알고 감사한다

자신을 위해 해가 뜨고 지고
꽃 피고 열매 맺는 것을 아는 자는
전심으로 범사에 감사한다

비와 바람은 은혜이고
아픔과 고난과 슬픔은 축복인 줄 아는 자는
보상의 분량으로 생각하고 감사한다.

영원을 사모하며

누가 몇천 년을 산다면 어떻게 보낼까?
세월이 가는 것도 막을 수 없지만
세월 따라 가는 것도 힘든 고통이라
생명의 연한을 정한 것이 신의 섭리라

끊임없는 쾌락과 즐거움과 제한 없는 자유가
고통이 되고 고통이 소망을 이루고
어둠이 빛을 사모하여 빛으로 가고
쉬임 없는 세상이 영원을 사모하네

영원을 사모하는 이들은 지루하지 않고
갈등과 고통이 없는 평화로운 곳
신선함과 넘치는 사랑에
만족을 누리는 그곳을 사모하자.

생각할 자리

사람과 돈을 움직일 자리에 앉거든
누구를 위해 무엇을 할 건가
생각하라

쓰고 있는 모자와 달고 있는 계급장 앞에
고개 숙이는 그들 위해
명령하기 전에 생각하라

세월 앞에 창문이 흐리고 기둥이 흔들리고
명령이 전달되지 않거든 원망 말고
명찰 앞에 고개를 쳐들거든 깊이 생각하라.

결단력

장수는 돌격하고 후퇴할 때를 모르면
많은 영토와 병사와
국민의 생명을 잃는다.

경영자들의 결재 따라 존폐가 좌우되고
후유증의 치유는
많은 희생과 시간이 걸린다

이기고 손해 보는 싸움은 분노이고
죽은 뒤에 보상은
소인배의 소득이라.

여보게 친구

여보게 친구
바람 따라 가지 말고
구름 따라 가지 마라

남 따라 가지 말고
남 따라 살지 마라

여보게 친구야
남 따라가면
네 갈길 언제 가나?

—제2부—

외치는 자

내 모습 이대로 1

어릴 때부터 얻어먹고 도움받으면서 일생을 살았다
많은 사랑의 빚을 갚지 못한 것
자식들이라도 베풀고 살기를 기도한다

한끼 식사나 용돈을 받든지 만남도
다음이 없을 것 같아 손수건을 적시고
아이들 집에 갔다가 돌아올 때 뒤돌아본다

아침에 눈을 뜨고 일어나서 하루하루를 보냄이
벨트를 차고 다니며 심장이 멈추지 않음을
기적으로 생각하고 감사한다

훗날 천국에 가서 천군 천사와 함께
죽임당한 어린양 예수께
앞서간 선조들과 지인들과 함께
즐겁게 찬양하면서 지낼 그날을 지칠수록 사모한다.

내 모습 이대로 2

다니엘처럼 하루 세 번 기도하고
성경도 매일 한 시간씩 읽고
가정예배도 드리면서 살겠다는 다짐이 안개가 됐다

마음이 컬컬하고 허전할 때는
보이지 않는 욕구와 갈등으로
마음껏 소리치며 부르짖고 싶다

흘러간 세월을 돌아보면
돌이킬 수 없는 실수와 허물이
나를 점령하여 어둡게 한다.

내 모습 이대로 3

내 나이 팔순이 넘으니
좋은 것도 고운 것도
하고 싶고 가지고 싶고
되고 싶은 것도 다 부질없는 것이라
생각 든다

해 뜨면 일어나고
해 지면 잠자고
때 되면 먹고
설레임과 긴장이 없는 무기력이 멈추면
여기까지란 소리가 들린다

돌을 던져야 할 시간을 몰라
덤으로 주신 소중한 시간과
에너지가 소진될 때까지
내 모습 이대로.

내 모습 이대로 4

무덤에 회칠한다고
향내 나고
호박에 분 바른다고 수박 되나

인정받으려고 궁시렁거리고 변명하지 말고
내 모습 이대로 살다가 가자

내가 죽었다고
세상사람들이 다 슬퍼하지 않고
내가 없어도 해는 뜨고 진다.

변화

뱀은 자랄 때 허물을 벗는다
사람은 내부가 변해야 외부가 변한다

무덤에 회칠한다고 향내 나지 않고
분 바른다고 호박이 수박 되나
모래 위에 집을 짓는 자야
신뢰 없이 쌓을수록 피해가 크니라

역사의 변천사는
인간의 변천사라
바꾸고 변해야 산다.

경계선

새는 삼팔선을 자유롭게 넘나드는데
우리는 그렇지 못하다

평화와 자유를 깨는 계약과 경계선은
누구를 위해
무엇을 위함인가?

자유와 평화를 빼앗긴 자들이
경계선에서 부르짖는다.

외치는 자

119 사이렌이 울리면
모든 차량이 길을 비켜줘야 하고
비상 사이렌이 울리면
일상을 멈추고 대피해야 한다

정치인들의 외침은
구름처럼 떠나가고
사랑을 외친 마수들은
바람 따라 날아다닌다.

낮에 등불 들고
너 자신을 알라고 외쳐도 찾을 수 없고
천국이 가까웠다는 외침도
메아리로 사라진다.

하늘의 소리

하늘을 바라보는 자가
하늘의 이상을 보고

하늘의 소리에 귀 기울이는 자가
하늘의 소리를 듣고

하늘의 소리 들은 자가
하늘의 소리를 전한다.

이유 없는 눈물

주만 위해 살렵니다, 라는 찬송은
평소 즐겨 부르고 들었는데
대학병원교회 예배 시간에
어느 여성도가 특송을 부를 때
주 위해 살지 못한 고백과
생명을 연장해 주신 이를 위해
무엇을 해야 하며 어떻게 살아야 할지
가슴이 복받친다

죽은 물고기처럼 떠내려갈 수 없는
소중한 날들과 생명
무엇을 위해 누구를 위해
생명의 에너지를 써야 할까
내게 주어진 시간이
헐떡거리기만 할 수 없는 날들이기에
시간의 주인에게 두 손을 든다

세상에 펼쳐진 인생사가
푸르다가 단풍 들고
냉기 오면 알몸 내놓고
떨고 있는 고목과 같이
걸칠수록 갑갑하고
벗을수록 떨어야 하는
이슬 같은 인생을 생각하면
이유 없이 슬퍼진다.

내 백성을 위로하라

빈 그릇 앞에 둘러앉은
그들을 위로하라
그들도 내 백성이니라

숨이 차서 헐떡이며 지친
그들을 위로하라
그들도 주의 양이니라

답이 없어 헤매는
그들을 위로하라
그들도 네 형제니라

하나님은 가시나무에도
비를 내려주시고
독사에게도 먹이를 주시느니라.

정복자

밝은 해를 보고 머리를 쳐들고
당당히 걸어 나와
빼곡이 서 있는 시위대 앞에
엎드리라고 소리친다

넓고 두꺼운 권력으로 해를 가리고
나를 따르라고 소리친다

힘으로 짓눌러 밟고 선 자의 에너지가 소진되면
밟힌 자가 밟고 정복자가 된다.

온전한 사랑

저울로 달아보고 자로 재어봐도
모자람이나 넘침이 없는 사랑

조건 없는 감정과 욕망 없는
위하는 사랑 변함과 끝없는 사랑

모자라고 삐뚤어져 달라고만 해도
이유와 조건과 사정을 묻지 않는 사랑.

하나님의 사람

자기 소유와 주권과
자유가 없는 자
하나님이 맡긴 전권을
행사하는 자
언제나 생사까지
명령을 따라야 하는 자.

죽음의 복

태어난 자는
반드시 죽는다
죽지 않을 자는
사람이 아니다

출생이 축복이듯
죽음 또한 그러하고
살다가 죽는 것이
신의 뜻이다

생명은
에너지 소진으로 끝나고
육체를 벗으므로
영혼이 자유를 누린다.

AI 시대

나는 너희들이 태어났을 때
장군복도 입혀보고 왕관도 씌워보고
날개도 달아봤다

AI는 인간이 입력한 것만 알고
인간이 상상하는 것은 따르지 못하지만
미래 세대를 통제할 것이다

너희들은 기계에게
인간의 자리를 내어주지 말고
기계를 설계하고
다음 세대를 이끄는 자들이거라

AI는 인간의 상상을 따를 수 없고
AI는 사람이 만들었고
사람은 창조자가 만든 것이다.

하나님을 웃기는 자

군왕들과 관원들이 지혜를 모으고
단합해서 전능자와 그 종들을
대적함이 웃기는 일이라

행악자와 오만한 자들이
단합해서 지혜와 힘을 모으면
신도 막을 수 없다는 이들을 비웃으신다

숨구멍을 막으면 흙덩이가 되는 자가
머리털 하나도 희게도 검게도 못하는 자가
전능자를 웃기지 마라 흙덩이들아.

광복절

아시아로 뻗어갈 욕망으로
발판을 위해 침략한 일본

언어와 종교와 풍습까지 바꾸고
주권과 소유까지 폭력으로 탈취한 일본

항거하고 벗어날 힘없는 나라가
미국의 개입으로 얻은 광복의 날

경쟁도 색깔도 이념도 다 덮고
한목소리로 대한 독립 만세를 부른 날.

일어나라

엘리야야 일어나서
하사엘과 예후에게 기름 부어 왕이 되게 하고
엘리사는 너 대신 선지자로 세워라

나사로야 무덤에서 나오너라
네가 살아난 것을 보고 하나님께서
나를 이 땅에 보내신 것을 믿게 하라

다니엘아 거기서 나와서
너를 구원하신 이를 설만히 말하는
자의 집을 거름터로 삼아라.

멈추면 끝난다

쓰지 않는 도구는 녹이 슬고
다니지 않는 길은 잡초가 점령한다

마음이 늙으면 몸도 늙고
몸이 떠나면 마음도 떠난다

잘 익은 열매도 세월 가면 땅에 떨어져
다음 세대를 위한 영양이 된다.

복수

당하고 뺏긴 것을
찾으려는 분노가 복수라

용서가 없는 곳에
늑대들이 몰려오고 까마귀가 노래한다

낮이 가면 밤이 오듯
복수는 분노의 반복이라.

섬김

여봐라 이리 오너라
소리치는 자는
섬김을 받으려고 명하는 자다

말씀만 하소서
종이 듣겠나이다
이는 섬기는 종이라

명하는 자와 듣는 자가 같은 사람이라
섬김이 삶의 도리와 기본이라.

축복의 시 1

천지를 창조하신 이가 복을 명하셨다
그가 택하시고 그가 부를 때
대답하는 이는 푸른 초장으로
쉴만한 물가로 인도하신다

그의 인도를 따름이 축복이고 은혜라
기뻐하고 즐거워하라 시들지 않게
메마르지 않게 하시어
철 따라 열매를 맺게 하시리라

그는 의의 길
생명과 영생의 길로 인도하시니
경외하며 섬기라 부귀와 재물이
거기 있느니라

복 있는 자는 그를 믿고 따르는 자라.

－제3부－

내 주여
도우소서

두려움

두려움과 불안이 평안을 깨고
잠들 수 없게 한다

어미 품에 잠든 아기는
태풍 중에도 고이 잔다

불안과 두려움은 약자의 소유이니
두려워 말고 강하고 담대하라.

신이 주시는 복

그의 율법이 좋아서
주야로 묵상하고 품고 사는 자를
형통케 하신다

그를 인정하는 자들의 적들을
질그릇같이 부수시고
안전하게 거하게 하시고
편히 쉬게 하신다

그를 아들로 삼아 지경을 넓혀주고
이방 나라와 그들의 모든 소유까지 덧붙여주어
시절 따라 열매 맺게 하시고 형통케 하신다.

내 주여 도우소서

산천초목과 군왕들과 백성들이
돌을 들고 쓰나미같이 밀려올 때
여호와여 나를 도우소서

폭풍이 쉬임 없이 불어 배는 조각나고
흑암은 바다를 덮어 의존할 것 없을 때
등불 들고 건져주소서

여호와여 내 심령이 갈급하여 헐떡일 때
하늘 문을 여시고
내 심령을 성령으로 채워주소서.

나의 간구

사람의 생명을 위해 칼을 잡은 의사와 함께하시고
임직과 결혼 서약을 지키게 하시고
먼바다에 항해하는 선장과 함께하시고
이착륙하는 비행사와 함께하소서

종교의 이름으로 사람을 살상하는 무슬림과
이교도들의 만행을 중단시켜 주시고
복음을 위한 선교사들의 생명을 보호해 주시고
권력 유지를 위해 억압하고 피 흘리는 것을 막아 주소서

용서와 화해가 이루어져 자유와 평안을 누리게 하시고
재난과 질병을 막아 주시고 서로를 소중히 여기는 마음으로
이웃과 약자들을 배려하고 가진 것을 나누는 선한 자의 마음으로
이 땅을 가꾸고 지키고 보존하게 하소서.

망할 자

여호와는 나라와 민족들이 분노하고
허사를 경영하고 그의 종들을 대적하는 자들은
견딜 수 없는 바람으로 뿌리까지 뽑아
겨와 같이 날려 보내신다

여호와는 대적자들을 급히 진노하셔서
달려가는 길에서 망하게 하시고
거짓을 꾸며 의인의 피를 흘리는
그를 심판대에 세워 견딜 수 없게 하신다

악인들아 여호와를 대적하고 그의 종들의 피를
흘리지 마라, 그는 전능한 자요 만왕의 왕이시라
세상과 만민을 다스리시니 항거하거나 대들지 마라
그가 깨고 부수고 불로 태우고 바람으로 날리리라.

인생

강물이 의논하고 흐르더냐
바람이 방송하고 불더냐
세월이 허락받고 가더냐

사람은 서로 사랑하고
신이 주신 씨는 뿌리고
열매는 거두는 것이 신의 은혜라

오고가는 세월 앞에
출생과 죽음은 신의 소관이라
바람과 구름 가니 인생도 가더라.

가야 해

가야 해
나는 나는 가야 해

루루 라라
마음껏 찬양하며
나는 가야 해

복음 들고
카리브 해안길 지나
파도와 산을 넘고
나는 가야 해.

욥의 경고

너는 밤 곧 인생이 자기 곳에서
제함을 받는 때를 사모하지 말지니라

내가 없어진다고 세상도 없어지고
내가 운다고 세상이 다 울지 않는다

구름이 왔다가 가도 하늘은 여전하고
돌아오지 않을 강물 붙잡지 마라

때가 되면 꽃이 시들고 새소리 들을 수 없나니
가기 싫어도 갈 건데 자신의 생명을 재촉하지 마라.

사기꾼

손이 닿지 않아 진드기를 잡지 못해
힘들어하는 동료의 고통을 들어준 그가
손 내밀 때 외면하는 그는 사기꾼

빈손으로 태어나 생명 전부를 받고
양육받은 새끼가 노쇠한 부모를
외면하는 그는 사기꾼

모든 생명은 만물의 생명을 창대케 하고
번성케 한 그를 배신하는 자는 사기꾼.

아비 마음

봉투를 내미는 자식에게 괜찮다는 아버지
떠난 뒤에 돌아서서 봉투를 열어보시는 아버지

바쁜데 안 와도 된다면서도 시간마다
창문 밖을 내다보시고 밤새도록 불을 끄지 않으신 아버지

내 걱정은 안해도 된다던 아버지
자식 걱정에 등불을 끌 수 없는 아버지

뱁새가 황새 마음을 알고 하루살이가 내일을 알까
노년의 언어와 몸짓을 허공으로 날아가게 마라.

나의 기도

6·25전쟁을 멈춘 정전이 70년이 지나도
끝나지 않은 전쟁으로 주의 종들과 성도들이
처형과 고문과 박해 중에 은밀한 곳에서
부르짖는 그 소리를 주께서 들으시기를 두 손 듭니다

그간 전쟁을 위해 준비하고 쌓아둔 전쟁 무기들을
산업과 평화의 도구로 쓰고 전쟁을 위한 조직과 인력은
소외 계층과 장애자와 어둔 그늘에 사는 이들을
돌보고 섬기는 요원으로 쓸 수 있기를 두 손 모읍니다

서로 뜯어 가려고 기웃거린 우방들이 통일을 지원하고
통일된 나라가 다음 세대를 이끄는 나라가 되도록
자원과 재능과 영향력까지 지원하고 협력해서
함께 번영을 누릴 수 있기를 무릎 꿇고 간구합니다.

아침에 눈을 뜰 때

첫 소풍 가는 학생처럼
설레는 마음으로 하루를 시작하자

많은 경쟁자를 제치고 합격하여
첫 출근 하는 마음으로 출발하자

결혼식장에 가는 신부처럼
최고의 날로 하루를 맞이하자

생애 최고의 만남같이
최고의 기념일이 되게 하자.

올해는

내 이름을 제일 많이 불러준
내 어머니와 아버지의 은혜와 사랑을
더 많이 감사하며 살리라

여보라고 한평생 부르며 고락을 같이한
내 사랑을 전보다 더 많이 사랑하고
아끼고 소중히 여기리라

숨질 때까지 내 곁에서 아버지 어머니라
제일 많이 불러준 분신들을
더 많이 사랑하고 복을 빌리라.

봉선화

립스틱 짙게 바르고 방긋 웃는 모습에
더벅머리 총각이 걸음을 멈추네

떨리는 두 손으로 잡은 꽃송이를
꺾기가 너무 아까워 망설인다

길손이 꺾기 전에 먼저 꺾어
나만의 꽃으로 고이 간직하리라.

너는 누구인가

무거운 땅을 흔들고
산꼭대기를 뚫고 솟아올라
산을 녹여 잔해를 뿜어내고
산천과 바다를 흔드는 너는 누구인가

해를 바다에서 끌어올려
어둠을 물리치고 밝게 하고
비를 몰고 와 산천에 뿌리고
동물과 곤충을 짝지워 주는 너는 누구냐

냄새도 색깔도 모양도 없는 바람을
누가 만들어 소란을 피우고
철따라 꽃피고 새들이 왕래하고
인생을 오고가게 하는 너는 누구냐

영하 273도와 영상 151도와 진공상태에서도
견디다가 물만 주면 살아나는 1.5m 물곰과
산사태 후에 쌓인 흙에 초목이 돋아나고
물만 고이면 물고기가 생겨나게 하는 너는 누구냐.

요양병원

병든 자를 치료하는 곳이 병원인데
현대판 고려장지라 불리운다

노약자와 장애인이 천대받고
외면받는 시대가 아니라 대환영이다

수족이 불편해서 대소변을 못 가리고
일상이 정상이 아닌 자들을 돌봐주는 병원

돌봄이가 육신은 돌봐주지만
분초를 모르는 그 시간 앞에 잠들 수 없는 병원

요양병원에 입원하거든 어떤 누구도 찾거나
기다리지 마라 마지막으로 내린 결론이니라.

미래 시대는

미래 시대는
집집마다 부착한 신 배터리로
전주와 전선이 필요 없는 시대가 된다

미래 시대는
몸에 넣은 칩이 점검과 처방으로
제약회사와 병·의원이 필요 없는 시대

미래 시대는
몸에 부착한 장치로 날아다니므로
교통수단과 시설이 필요 없는 시대

미래 시대는
텔레파시 활용으로
통신 시설과 장비가 필요 없는 시대

미래 시대는
우주인의 양식 개발로
매일 먹지 않아도 되는 시대

미래 시대는
신소재 건설로 도시와
시설을 리모컨으로 조정하는 시대.

고난과 함께한 민족

2천 년을 나라 잃고 방황한 민족
그들이 믿는 신에게 선택받은 민족
독재자에게 수백만 명이 죽임을 당한 이스라엘

수많은 침략을 당하고 일제로부터 온 민족이
노역과 살상과 유린과 탈취를 당하고
이념 문제로 동족이 서로 죽이는 전쟁으로도
끝내지 못해 정전 상태로 70여 년을 응얼대는 민족

풀무가 강한 도구를 만들고
험한 파도가 유능한 선장을 만들어
대해를 건너게 하고
혹독한 고난을 당한 민족이
세계의 고난을 이끌고 간다.

우리가 부를 노래

애굽에서 노예로 살면서
벗어날 방법도 대책도 구해줄 자도 없어
당하기만 하던 때 모세 명을 따라
홍해를 건넌 후에 구원의 노래를 불렀다

다윗왕은 양들과 함께 초원에서
만물을 창조하신 이가 양들에게
먹이를 주심을 노래하고 왕이 된 후에는
4천 명의 대원과 2백 명의 악단이 노래했다

보좌 앞에 둘러선 수종 드는 수행원들과
셀 수 없는 천군 천사와 그의 피로 죄사함받은
인 맞은 무리와 만물들이 함께 영원히
우리가 부를 그 노래 죽임당한 어린양
그에게 모든 영광과 능력이 있음을
우리가 영원히 부를 노래라.

우리가 머물 자리

왕좌에 앉으려고 금붕어가 물 밖으로 나오면
왕좌에 앉기 전에 헐떡거린다

물고기는 물고기로 다람쥐는 다람쥐로 살아야 하는데
돼지는 왕궁보다 시궁창이 행복하다

황새 다리와 주둥이가 길다고 자르지 말고
옷에 몸을 맞추지 마라.

-제4부-

나의
자손들에게

나의 자손들에게

자녀 손들아
나의 자녀 손들아

나의 주님은
길 없는 곳에 길을 내시고
내 곁에 아무도 없을 때도 함께 계셨다

숨이 막혀 헐떡거릴 때 숨구멍을 열어주시고
비틀거릴 때 내 손 잡아주셔서 지금까지 잘 다녔다

하늘 창고에는 물도 많고 보물도 많고
필요한 것들이 다 있단다

여호와 그를 가까이하고 의지함이 복이라
내가 믿고 섬긴 주께서 너희들을 지키시고 인도하시리라.

설레임

자궁에서 바깥세상으로 나가려고
벽과 기둥에 발질하고 주먹질한다

제대 앞둔 병사와 형을 마친 죄수는
설레는 마음으로 분초를 계산한다

세상을 떠나야 하는 세대들은
오늘이 그날인가 생각하며 설레인다.

우리가 어이할꼬

주의 이름으로 병 고치고
귀신을 쫓아낸 자들이
내 말을 듣고 나를 따르라고 한다

주 위한 사역자들이
이념과 사상과 인간의 법을 따르라고
당과 조직을 만들어 외친다

자신들을 믿고 따라야 구원 얻는다는
종말론자들이 휴거와 심판을 외치며
협박하고 혼란케 하니 우리가 어이할꼬.

이 손 잡고 가소서

이 손 잡고 가소서
내가 주님을 잡고 갈
기운이 없네요

여기까지 나를
이끌고 오셨으니
끝날까지 이끄소서

어디로 얼마를 더 가든지
갈 곳을 모르는 나를
손 잡고 가소서.

내 자식들에게

식사가 끝나 설거지한 뒤 어미가
지금 몇 시인데 아직 밥 안 주나?
엄마 밥 먹고 또 밥 달라고 하면 요양원 보낼 거다

협박받은 어미가 떨리는 목소리로
다시는 밥 달라고 안 할게 요양원에는 보내지 마
어미가 비는 말에 온 집 안이 안개로 덮였다

해주고 싶은 게 많았으나 남같이 못 해준 부모
기운 떨어지고 정신 나간 그 어미
떠난 뒤에 울지 마라 이 자식들아.

노인이 사는 집

오랜 세월 사시를 겪으며
뿌리고 거두며 일생 가정을 지켜온 노인

결혼하고 자식 낳아 양육하며
대소사를 치르고 희로애락을 겪은 노인

문제의 답을 알고 선후와 앞뒤를 알고
시대와 형편을 아는 지혜로운 노인이 사는 집.

우리의 무지

최초는 잠자고 일어나고
먹고 마시고 먹은 것 치우는 가정교육

두 번째는 또래와 함께
선생님께 배우는 학교 교육

듣고 보고 체험하고 아는 자연 교육
알수록 모르는 것이 많아지는 무지한 인생.

담쟁이

담쟁이 따라 올라가지 마라
올라간 놈 내려올 줄 모르더라

담쟁이 따라 올라가지 마라
올라갈수록 공해가 심하고 시끄럽더라

아둥바둥 담쟁이처럼 올라가면
오른 만큼 반드시 내려와야 하느니라.

가야인의 노래

迎大王歌碑 영대왕가비

龜何龜何 구하구하
首其現也 수기현야
若不現也 약불현야
燔灼而喫也 번작이끽야

구하고 구합니다 우리가 구합니다
우리의 머리되신 하나님이 오셔서
우리를 구원하소서
만약에 오시지 않는다면 적들이 와서 우리를
번쩍이는 칼과 불로 찍소리 못하게 죽일 것입니다.

*김해 구지봉 앞에 있는 비문

(윗글 구지봉 입구 계단 옆)

龜乎龜乎出首路 구호구호출수로
掠人婦女罪何極 약인부녀죄하극
汝若悖逆不出獻 여약패역불출헌
入網捕掠燔之喫 입망포략번지끽

거북아 거북아 수로를 내놓으라
남의 아내를 빼앗은 죄가 크도다
네가 만약 어기고 바치지 않으면
그물로 잡아서 구워 먹으리라.

첫사랑

누구나 잊을 수 없는
첫사랑처럼 다가가자

어미와 목자의 눈으로 보고
나라님과 하나님의 마음으로 보아라

온몸의 세포가 춤추는 첫걸음처럼 살자
사랑은 신이 주신 최고의 축복이니라.

배 떠난 뒤에

여울물은 파도 따라가고
갈매기는 님따라 가고 없는데
등굽은 할미는 수평선 위 뜬구름만 바라본다

움푹 팬 눈에 맺힌 이슬은 사랑일까 아픔일까
아침해는 변함없이 떠오르는데
아침마다 떠나는 배는 그리움을 싣고 간다

하지가 지난 세월 북풍 불면
싱싱하던 잎들이 떨어져 바람 따라 뒹굴고
배 떠난 바다에는 그리움만 뒹굴겠지.

어깨동무

나의 친구는 빈방이고
내가 기댈 어깨동무는 고독이란다

은퇴 때 떠난 자리는 꽃 피고 새 울어도
기댈 언덕도 앉을 의자도 없구나

구름은 바람 따라 흘러만 가는데
나는 어디에 내 어깨를 기대야 하나.

도구와 무기

긴 주둥이와 다리를 가진 황새는
양식을 구하는 수단으로 삼는다

육식동물은 발톱과 이빨로 먹이를 구하고
인간은 살상 무기로 방어하고 공격한다

한 수 높은 도구와 무기가 승자가 되고
인간을 이끌고 자연을 정복한다.

난세의 영웅

국민이 의견충돌로 양분된 나라가
시끄러울 때 해결자가 필요하다

적의 침범으로 방어가 어려울 때
적을 물리칠 대책이 필요하다

난세에는 나라와 국민을 안정시키는 자가
난세의 영웅이다.

분량

자와 저울과 법은
수치와 경계를 표시한다

밥통과 욕망이 채워지지 않으면
채워질 때까지 기웃거리며 껄떡거린다

에너지가 부족하면 발화가 안 되고
기력이 소진되면 호흡이 멈춘다.

어미의 눈으로

하나님은 가시나무에게도 비를 내려주시고
독사에게도 먹이를 주시는 이시라

비옥한 곳에는 곡식으로 거친 땅에는 유전으로
먹고 살게 하신 것은 창조자의 배려라

양은 목자의 눈으로 세상은 창조자의 눈으로
인간을 볼 때는 어미 눈으로 바라보자.

바람 앞에

바람 앞에 맞선다고
물러가더냐

시계 배터리 뺀다고
세월이 멈추더냐

병원과 의사가 없어서
사람이 죽더냐

항거할 수 없는 힘 앞에
고개를 숙이고 사는 것이 지혜로운 자라.

소인배들

산부인과 앞에서 초조하게 기다리던 할배가
아들이란 간호사의 소식에 소리 없이 웃는다

수술실 앞에서 초조하게 기다리는 가족에게
수술이 잘 됐다는 의사의 말에
온 가족이 안도의 숨을 쉰다

사경을 넘나들던 자를 만남 같은
만남인 것을 모르고 사는 자가 소인배라.

하나밖에 없는 당신

지구 역사에 하나밖에 없어
어떤 누구도 대신할 수 없는 당신

포근하고 따뜻한 그 품이
세포를 춤추게 하네

무엇으로 빈 가슴 채우고
이 땅에서 당신 없는 세상을 꿈꾸겠나.

너와 나는

창조주가 만드신 세상
아름답게 가꾸고 정리해서
아름다운 세상 되게 하자

말씀대로 이루어져 보시기에 좋았던 세상
오염되어 부패하지 않고
전쟁과 파괴가 없는 좋은 세상 되게 하자

나와 너와 우리가 함께 사는 세상
공의와 정의와 진실과 사랑이 있고
평화롭고 행복한 세상에 후손들을 살게 하자.

−제5부−

잠들 수
없는 밤

나는

나는 내 간과 심장과 내장을 꺼내어
세제에 담가 깨끗해질 때까지
흔들어 씻고 싶구나

나는 내 피부와 뼈를 식초에 담가
해독이 될 때까지
우려내고 싶구나

나는 내 뇌를 꺼내어 풀무불에 던져
불순물을 활활 태우고
오염되지 않은 모습을
담고 싶구나.

내 마음

눈이 가는 곳에 내 마음이 가고
마음이 가는 곳에 손발이 가고
입과 몸이 간다

소리 따라 내 마음이 가고
마음이 가는 곳에 손발이 가고
입과 몸이 간다

내 마음 가는 곳에 손발이 가고
네 마음이 가는 곳에 입과 몸이 가고
일생이 간다.

시작과 끝

만물을 창조하신 이가
시작과 끝이라

나고 죽고 심고 거둠이
그의 일이라

한 사람의 출생과 죽음은
시작과 끝이지만

하늘의 별은
언제나 그곳에 있다.

잠들 수 없는 밤

선조들이 후세들을 위해
피와 땀과 눈물과
압박과 설움을 당하면서
지킨 나라

국민도 법도 싸가지도
없는 자들이
낮을 밤으로 바꾸려고
입에 게거품 물며 설친다

광장과 도로와 땅끝에서
나라 위해 외친 함성이
땅과 하늘에 울려퍼진 지
수년이라

쓰나미같이 밀려오는 어둠 앞에
나라를 걱정하는 자들은 잠들 수 없다.

위하는 사랑

만삭된 태아가 다 자라면
사생결단 내보내야
모자가 산다

품는 것만이 사랑이 아니라
풀어 주고 놓아줌은
위하는 사랑이라

명품이 되도록
깎고 갈고 다듬고
뜨거운 용광로가 진품을 만든다.

몸

자궁에서 어미의 피를
받아먹고 자라난 몸

즐거우면 웃고
아프고 슬프면 울면서 살아온 몸

한 줌 재만 남긴 혼은
어디로 갔나.

힘든 인생

살이 찢어지고 피 흘리며 낳은 자식
기후변화와 세상에 적응하기가 힘들다

강도 건너고 산도 넘고 비바람 맞으며
잡초와 벌레와 싸우며 사는 게 힘들다

자궁에서 나와 묘지에 가는 날까지
사는 게 고난이라

비바람과 더위와 추위와 장마와 가뭄이
농부와 어부를 힘들게 한다

어차피 당하는 고난 더우면 냉탕에
추우면 온탕에 가듯 즐기고 살자.

힘의 세상

가진 자와 아는 자와
힘있는 자들이
약자들의 영역을 점령하고
세력을 확장한다

잔인한 넝쿨이
항거할 무기가 없는
약자들을 밟고 덮어
씨를 말린다

더 크고 강하고
더 앞선 성능을 가진 무기로
상대를 제압해서
동물보다 잔인한 흔적을 남긴다

약자를 삼켜야
배부른 강자들을 위해
약자는 그들의 당연한 제물인가.

가을의 열매

싱싱한 과일은
떫고 시더라

잘 익은 과일
보기도 좋고 먹기도 좋더라

움푹 패인 주름과 등 굽은 백발은
가을 과일보다 아름답더라.

이별

같이 못 가면 이별이요
두고 가도 이별이라

인연으로 만나
동고동락하던 자가
이유 없이 떠나는 인생
만남은 이별을 위함이라

함께하는 시간은
이별의 순간까지라
아끼고 사랑하고
소중히 여길 순간이라.

그날이 올 때까지

그날이 올 때까지
찔레꽃처럼 살다가 가자
볼품 없어 가까이하는 이 없고
찾는 이 없어도 진하게 은은하게
나만의 향기를 날리며 살다가 가자

벌이 오면 두 팔로 안아주고
나비 오면 함께 춤추고
뻐꾸기 울면 함께 울고
개구리가 노래하면
함께 목청 높여 흰 꽃잎 흔들며
창조의 노래를 부르다가 가자.

살아 있을 때

네가 아버지라 부를 때
내가 대답할 때
너의 아버지라

내 정신 있고
기동할 수 있을 때
인간이고 부부라

아파하는 감각과 근심하고
슬퍼하고 분노하는 감정은
살아 있는 증거라.

자손들아

바보를 나무라지 마라
바보가 하는 짓이니라

폭풍과 맞서지 마라
바보가 하는 짓이니라

불과 불이 싸우거든 끼어들지 마라
탈것이 없으면 저절로 꺼지느니라.

지도자는

살아 있는 무리는
집단을 이루고
집단을 이끄는
두목이 있다

두목의 사명은
집단을 보호하고 인도하고
생사와 안전을 책임진다

그런 두목에게 항거하거나
두목의 역린을 건드리면
반드시 죽인다.

폭풍 속에서

기동하는 생명들은
폭풍 불면 요새를 찾는데
초목은 풍속 따라 춤을 춘다

욕망의 사자가 깃발을 흔들면
기회주의자들이
깃발 아래서 만세를 부른다

하나님의 사람들은 폭풍 앞에 엎드려
폭풍이 지나가기를
두 손 들고 기도한다.

기다림

기가 떨어진 애비를
요양원에 보낸 아들
며칠 후에 모시러 오겠다는 아들을
날마다 고개 내밀고 기다리는데
아직도 오지 않는다

여객선 뱃고동이 울리면
욕지도에 두고 떠난 주인을 기다리는
애완견이 달려가
내리는 이들을 쳐다봐도
그 주인은 내리지 않는다

그 님이 오시는가 싶어
이상한 구름만 떠도
잠들 수 없는 밤 도적같이 오신다는
그 약속을 믿고
오늘도 기다린다.

바람아

바람아
형체도 냄새도 색깔도 없는 것이
나무도 흔들고 구름도 눈비도 데리고 다니면서
어디서 와서 어디로 다니나

바람아
배를 엎어놓고 과일을 떨어뜨리고
모래를 옮겨 산을 만드는 장난꾸러기야
귀엽기도 하지만 밉기도 하다

바람아
꽃가루를 날라 열매 맺게 하고
산중에 씨를 뿌려 가꾸는 너는
온 산을 불태워 울게는 하지 마라.

전에는

전에는
이래라저래라 하고 살았으나
이후로는 시킨 대로 살아라

전에는 주고 살았으나
이후로는 받고 살아라

전에는 가르치고 살았으나
이후로는 배우고 살아라

전에는 나를 붙잡고
기대고 살라고 했으나
이후로는 기대고 붙잡고 살아라.

오판

사냥꾼의 오판으로
동료가 맞아 숨지고
오판으로 터뜨린 폭탄이
민가를 파괴하고
오진으로 수술환자가 죽는 일이 발생한다

오판으로 사형시킨
판사의 실수와
잘못된 이념과 사상이
젊은이들을 울게 하고 망친다

자신의 생각과 주장이
진리가 아닌 것도
신의 뜻이 아닌 것도 있느니라.

노화 증세

소리와 색깔과 시간의 구분과
금방 한 말과 한 일이
생각나지 않음은 노화 증세라

지붕이 벗겨지고
창문이 흐려지고
기둥이 흔들리고
맷돌과 손발이 맞지 않으면
노화 증세라

쉽게 분노하고 슬퍼하고 조급하고
우울하고 감정 굴곡이 심한 것은
노화 현상이라

군왕도 세월을 이기지 못해 떠난 길
몸은 땅에 있고 마음은 하늘이 가까워
몸과 마음의 갈등이 노화 현상이라.

물

생명을 싹틔워
자라게 하고
생명을 유지하게 하는 물

물 없는 곳에는
생명이 살 수 없고
물이 넉넉한 곳에
생명이 왕성하다

지옥에는 물이 없고
낙원에는 생명나무가 왕성하다.

-제6부-

시작과 끝

빛을 가린 자들

물을 불이라고 밤을 낮이라고 우기지 말고
외눈 원숭이들아
외눈이 정상이라 우기지 마라

악이 왕성하여 불의와 불법과 부정과 불신을
정의와 공의와 진실이라고
우기지 마라

구름이 가려도
해와 달은 여전하고
해가 뜨면 어둠은 사라지느니라.

우리가 침묵하면

기쁘면 웃고 슬프면 울고
아프면 아프다고 말하고 살자
그런다고 누가 알아주나
그러고 사는 게 돌이 아닌 인간이란다

예루살렘의 아이들이 소리치지 않으면 돌들이 소리치고
그를 찬양하지 않으면 산천 초목과 새들이 노래하리라

용서받아 자유를 얻은 자와 전능자의 사랑과
은혜 입은 자의 감사와 찬양이 없으면
바닷물과 고기 떼가 소리치고 춤을 추리라

부정과 불의와 불법을 아는 자가 침묵하면
의로운 자가 당하고 고통받는다
선각자는 인권과 생명이 손상되지 않게 외쳐라

짖지 않는 개는 보신탕 감이고
나라가 어려울 때 침묵하는 국민은
국민일 수 없다.

불꽃

미친 듯이
활활 타오르는 불꽃
재가 되어야 멈추는 불꽃

불은 소멸하고 끝을 내고
물은 질식시켜 끝낸다
물과 불의 끝은 파멸이다.

시작과 끝

비행기는 이륙과 착륙이
비행사의 성공과 실패를 좌우한다

시작과 과정과 끝이 중요하나
시작이 좋으면 과정도 결과도 그러하다

시작과 과정은 결과를 위함이니
시작과 과정은 끝이 좋을 때 인정받는다.

서약

세례식과 삭발식은
종교에 귀의하여
일생 믿고 따르겠다는
서약이다

직임을 맡는 선서나
계약 이행을 위한 사인도
서약이다

계약은 신뢰를 위함이고
서약과 선서는 자신의 고백이라.

구인 광고

자기 십자가를 지고 따를 자
두 벌 옷과 신발과 지갑을 가지고
명하는 곳으로 갈 사람

가는 곳마다 평안을 전하고
영접하는 곳에 머물며 병든 자 고쳐주고
귀신을 쫓아내고 대가는 받지 마라

그의 죽음과 부활을 외치다가
그와 같이 십자가에 못 박힐 자를 찾을 때
내가 가오리다는 그를 찾는다.

우리가 만나야 하는 이

사랑한 이와 내가 사랑하는 이가 있거든
보고 싶고 만나고 싶고 함께하고 싶다

목마른 자들아 수가성 우물가로 가자
영원히 목마르지 않는 물을 주시는 이를 만나자

하나님의 뜻을 알고 싶거든 감람산으로 가고
그의 계명을 받고 싶거든 시내산으로 가거라.

이제 그만

기력이 없거든 힘든 일은 이제 그만
세상일 끝이 없어 다할 수 없느니라

돈으로 해야 하는 일은 이제 그만
무거운 짐과 책임은 자신을 무너지게 하느니라

머리로 하는 일은 이제 그만
좌우와 숫자와 명사가 기억나지 않을 때

더 잡으려다가 소중한 것 잃을 수가 있으니
더 많이 더 높이 더 넓히는 것은 이제 그만.

무척산

자로 잴 수 없는 신령스러운 무척산
낙동강 물을 끌어 와서 김해 고을 주민을
먹여 살린다는 식산으로 불리운 산

수로왕 묘터를 팔 때 물줄기가 분출하여
멈추지 않을 때 정상에 연못을 판 후
물줄기가 그쳤다는 천지연 못이 있는 산

거등왕이 허황옥 어미를 기리기 위해 세운
모은암 뒤에 남근석과 미륵바위와
장군석이 둘러 있는 산

일제 박해를 피해 천지 못 옆 바위틈에서 기도하던 장소에
기도원을 세워 지금도 나라와 민족을 위해 기도하는
고신 대학 수련장이 있는 산.

신어산

수로왕릉 정면에 새겨진
두 마리 물고기를 상징하는 산

인도 공주가 가락국에 시집올 때
그의 오빠 장유 화상이 세운
은하사가 있는 산

김해평야와 낙동강과 동서남북에
크고 작은 봉우리들을 바라보며
김해 고을을 품고 있는 산

세월이 흘러가도 산천은 여전한데
가락국의 군왕은 어디 갔나.

장미가 피거든

1년간 땅속에서 가꾸고
준비하고 연출한 장미 참 아름답구나
칭찬하고 가면 얼마나 좋을까

날 밝으면 양식을 구해
자식들을 기르며 행복을 누리게 한 이에게
노래하는 새들에게
박수 한 번 쳐주면 얼마나 신날까

천군만마를 거느리고 떠오른 해가
어둠을 물리치고 온 세상을 밝게 할 때
만세를 불러주면 얼마나 기쁠까.

그러지 마라

못다 핀 꽃 꺾지 말고
품에 안긴 것 뺏지 마라

황새 주둥이 길다고 자르지 말고
어둔 밤에 가로등 끄지 마라

물에 빠진 자가 잡은 것 뺏지 말고
넘어진 자 밟지 마라

독을 품고 뱀같이 살지 말고
남의 싸움 대신 하지 마라

250개의 강물이 각국에서 흘러 들어와도
러시아의 바이칼 호수는 넘치지 않는다.

역설

고난당함이 내게 유익이라
패자가 되어봐야 승자의 기쁨을 안다

낮은 자리는 올라가는 곳이라
밤이 깊으면 새벽이 가까우니라

파괴는 건설을 위함이라
실명 후에 볼 수 없는 세계를 본다

악의 왕성은 악의 종말이고
선의 시작이라.

나는 시를 쓸 때

나는 시를 쓸 때
물을 뿌려 가며 칼을 갈듯이
날을 확인해 보고 갈고 또 간다

나는 시를 쓸 때
농부가 농사짓듯이 땅을 갈고
씨를 뿌리고 물과 거름을 주고 잡초를 뽑아 준다

나는 시를 쓸 때
여인이 음식을 만들듯
맛을 보고 보탤 것과 뺄 것을 조정한다.

꾸러기들

시대마다 설쳐대는 꾸러기들이
학교에도 시장에서도 설쳐댄다

집에서는 잠꾸러기
골목에서는 장난꾸러기
모임에는 말썽꾸러기

알아주든 말든 꾸러기들은 즐겁고
그들과 함께한 이들도 즐겁다.

―작품 평설―

간결한 시어의 간절한 외침

김 홍 식
(시인, 문학평론가,
전 창신대 문예창작과
외래교수)

간결한 시어의 간절한 외침
-간결 속에 담긴 소박하고 천진한 순수의 시-

김홍식
(시인, 문학평론가)

1. 들어가면서

김정석 시인의 일곱 번째 시집의 평설을 하게 되었다. 가슴 벅찬 일이다. 왜냐하면 목회에 있어서도 대선배이고, 문단의 경력에 있어서도 대선배이기 때문이다.

뿐만 아니라 일천구백칠십년대 후반 필자가 영남신학교 부산신학사에 입학하고 부산진교회의 교육전도사로 일하고 있을 당시, 김정석 시인은 부산노회 소속의 양산군 웅상면 평산리에 있는 덕계교회에서 시무하고 있었다.

그 당시 필자와 같은 학년이었던 송지헌 목사(당시 전도사)가 김정석 시인의 후임자로 시무하게 되어 양산지역을 지나가게 되면 대로변에 자리한 덕계교회에 들러 잠시 머물다 오간 기억이 있다.

이러한 인연 외에도 경남기독문인회가 창립되고

필자가 4대 회장으로 취임하면서 김정석 시인을 비롯한 4명의 선배 목사님들을 고문으로 위촉하여 모임이 있을 때마다 고문들께 설교를 부탁했던 기억이 있으며, 특히 김정석 시인께는 합평회 시 설교를 부탁하여 간결하고 논리정연한 그의 설교를 통해 은혜를 받은 적이 있다.

그런가 하면 동운문학회와 남도시단을 통해서도 함께 작품을 발표해 왔었고, 근간에는 김 시인이 한국목양문학회 부회장으로 선임되어 활동할 때, 필자도 부총무로 지명되어 함께 활동한 적이 있었다.

이외에도 필자가 아는 목회자 중에 영천 출신이 있었는데 김정석 시인을 최고의 고향 선배로 소개해 준 기억이 있다.

그때 욕지도를 방문한 적이 있었는데 김 시인은 욕지도 산 중턱에 넓은 땅을 확보하고, 비파나무를 심어 가꾸고 있었다.

비파농장의 커다란 규모에 놀라기도 했지만, 당시 10여 명의 방문자들에게 상품화된 비싼 비파식초를 한 병씩 선물로 안겨준 통 큰 시인이었음이 뇌리에 남아 있다.

각설코 이번에 발행되는 김정석 시인의 일곱 번째 시집은 "내 모습 이대로"의 테마에 1부에서 6부에 걸쳐 118편의 시를 담고 있다.

2. 평설

이번 시집의 제1부에는 「내일은 늦으리」를 비롯하여 20편의 시를 담고 있다.

「내일은 늦으리」라는 시를 구체적으로 살펴보면 1, 2, 3연에서 "없을 수 있으니까"를 반복하고 있다.

결국 이 시에서 "보고 싶은 이 있거든/지금 가거라/내일은 없을 수 있으니까//하고 싶은 말 있거든/지금 해라/내일은 말할 수 없을 수 있으니까"는 지극히 오늘을 중요시 하자는 교훈을 담고 있다.

즉 이 시가 주는 교훈은 오늘 행동에 옮기라는 것이다. 오늘, 지금부터 실천하라는 것이다.

건강할 때 부지런히 일하고, 현재에 존재하라는 말이다. 왜냐하면 "내일이면 늦으리"가 되기 때문이다.

이어지는 시는 「사명자의 길」이란 시다.
「사명자의 길」 속으로 들어가 보자.
1연 안 가면 안 되는 길
2연 힘들어도 끝날까지 가야 하는
3연 전갈과 가시밭길이라도
4연 그곳까지 그날까지
    가고 또 가야 하는 길
            -「사명자의 길」 일부

김정석 시인은 「사명자의 길」을 통해 안 가면 안 되고, 힘들어도 가야 하고, 전갈과 가시밭길이어도 가고 또 가야 하는 길이라고 강조하고 있다.
　우리가 믿는 예수께서 걸어가셨던 길을 생각하면 이 시가 주는 의미를 알 수 있게 된다.
　예수님이 걸어가셨던 길은 희생과 사랑과 용서의 길이었다.

　다음으로 「나의 바람」이란 시가 눈길을 끈다.
　"사는 날 동안/기력이 쇠하지 않고/시력이 흐리지 않아/가족을 힘들게 하지 않기를 바란다"
　"나의 자녀 손들이/번창하고 창대해서/정복하고 다스리는/자들이기를 바란다"
　복음적이고 매우 희망적인 바람임을 알 수 있다.
　종교개혁을 이룬 마르틴 루터의 설교집에 나오는 말과 닮아 있다. 그는 말했다. "희망과 낙망의 차이는 빛과 어둠만큼이나 다르다"라고.
　희망은 힘의 촉진제를, 낙망은 힘의 감소제를 말하는 것이다.
　그렇다. 우리의 가슴에 희망의 등불이 켜져 있으면, 우리는 생의 용기를 느끼고 활동의 의욕을 느끼게 된다. 희망이 없는 것은 매우 슬픈 일이다. 지도자는 희망을 마음속에 심어주는 사람이다.

이어지는 시는 「빛과 어둠」이란 시다.

이 시는 빛과 어둠을 비교하면서 시의 반경을 끝없이 넓혀 놓고 있다.

1연에서는 빛과 어둠을, 4연에서는 무신론자와 유신론자, 기독교와 공산주의를, 5연에서는 밝은 세상과 어두운 세상을 비교하여 시를 빚어놓고 있다.

시편 기자는 "하나님의 말씀은 내 발에 등이요, 내 길에 빛이니이다"라고 했다. 김정석 시인은 이 시를 통해서 "빛의 길을 걸어가야 함"을 강조하고 있다.

제2부에서는 「내 모습 이대로 1」을 비롯하여 22편의 시를 담고 있다.

이 시는 너나 할 것 없이 어려웠던 시절, "어릴 때부터 얻어먹고 도움받으면서 일생을 살았다/많은 사랑의 빚을 갚지 못한 것/자식들이라도 베풀고 살기를 기도한다"라고 밝혀 놓고 있다. "아침에 눈을 뜨고 일어나서/심장이 멈추지 않음을/기적으로 생각하고 감사한다"라는 구절에서 그의 솔직함을 엿볼 수 있다.

이어지는 시는 「하늘의 소리」다.

"하늘을 바라보는 자가/하늘의 이상을 보고//하늘의 소리 들은 자가/하늘의 소리를 전한다"

-「하늘의 소리」 일부

독일의 철학자 칸트는 그의 논리학을 통해 "의무, 그 위대한 이름이여"라고 하며 의무의 중요성을 역설했다. 김 시인은 "하늘의 소리 들은 자가 하늘의 소리를 전한다"라고 밝히고 있다.

우리의 신앙생활도 그렇다. 하늘의 이상을 본 성도는 하늘의 소리를 듣고, 하늘의 소리를 들은 사람은 하늘의 소리를 전해야 한다는 의무를 강조하고 있다. 신앙인은 자신에게 주어진 의무에 대해 태만하면 안 된다. 신앙인은 의무감을 가지고 그 의무에 충실한 삶을 살아가야 한다.

이어지는 시는 「온전한 사랑」이다.

온전한 사랑은 마태복음 5장에 기록되어 있다.

"그러므로 하늘에 계신 너희 아버지의 온전하심과 같이 너희도 온전하라"

하나님이 온전하시다는 말은 "하나님의 사랑이 온전하다"란 뜻이다. 이 온전한 사랑은 사랑받을 자격이 없는 사람도 하나님은 사랑하신다는 뜻이다. 그래서 하나님은 불의한 자에게도 햇빛을 비춰주시고, 비를 내려주신다는 말씀이다.

오늘 우리가 믿고 섬기는 하나님은 불의한 자에게도 같은 은혜를 주시는 하나님이시란 말이다. 이것이 하나님 사랑의 속성인 것이다.

김 시인은 하나님의 사랑을 "저울로 달아보고/자로 재어봐도/모자람이나 넘침이 없는 사랑"으로 표현하고 있다.

그의 「축복의 시 1」을 살펴볼 차례다.
1연 "천지를 창조하신 하나님이 푸른 초장으로 쉴 만한 물가로 인도하신다"
2연 "그의 인도를 따름이 축복이고 은혜이며 시들지 않게 메마르지 않게 하시어 철 따라 열매를 맺게 하시리라"
마치 시편 1편과 23편을 읽고 있는 느낌을 주는 시다. 푸른 초장과 쉴만한 물가는 각박한 현실을 살고 있는 사람들에게 꼭 필요한 안식처와 같은 곳이다. 수천 년 전에 쓰여진 이 시편의 말씀은 시공을 넘어서 오늘을 살고 있는 우리에게까지 설득력 있는 시편이 되고 있다.

3부에는 「내 주여 도우소서」를 비롯하여 20편의 시가 담겨 있다.
「내 주여 도우소서」 속으로 들어가 보자.
시의 중심 주제는 "도우소서"라는 기도 형식을 갖추고 있다.
1연 나를 도우소서

2연 나를 건져주소서
3연 성령으로 채워주소서
결국 이 시는 하나님의 도움을 바라는 기도의 형식이 가미된 신앙적 자유시다.

「인생」이란 시를 통해 그 속으로 들어가 보자.
"강물이 의논하고 흐르더냐/바람이 방송하고 불더냐/세월이 허락받고 가더냐"
3, 4조의 율을 살려 경쾌함을 주는 교훈적 시다. 출생과 죽음, 바람과 구름, 그리고 인생 등등의 시어들이 무리없이 이어지고 있다.
"바람과 구름 가니 인생도 가더라"
참 철학적인 시다.

「아비 마음」이란 시를 접한다.
아버지가 자녀들을 생각하며 쓴 일상적 사실 속의 우직하면서도 자상함이 담겨 있는 서정시다.
이런 서정시를 쓰는 아버지를 둔 자녀들은 행복한 자녀들이란 생각이 들게 한다.

「요양병원」이란 시가 눈길을 끈다.
이 시는 현실 직시의 자유시다. 요양병원의 허와 실을 지적하고 있는 매우 의미 깊은 시다.

요양원을 경영하고 있는 필자로서도 매우 공감이 가는 시다. 요양원의 긍정적인 면과 부정적인 면을 동시에 정리한 시다.

긍정적인 면은 "노약자와 장애인이 천대받고 외면 당하는 시대가 아니라 대환영이다"란 부분이고, 부정적인 면은 "현대판 고려장지, 요양병원에 입원하거든 어떤 누구도 찾거나 기다리지 마라"란 부분이다.

4부에는 「나의 자손들에게」를 비롯한 20편이 담겨 있다. 이 시는 김 시인의 믿음의 고백과 자손들을 향한 바람이 담겨 있는 시다.

그의 신앙고백은 다음과 같다. "나의 주님은/길 없는 곳에 길을 내시고/내 곁에 아무도 없을 때도 함께 계셨다"

자손들을 향한 바람과 기원은 4연과 5연에 담고 있다. "하늘 창고에는 물도 많고 보물도 많고/필요한 것들이 다 있단다//여호와 그를 가까이하고 의지함이 복이라/내가 믿고 섬긴 주께서 너희들을 지키시고 인도하시리라"

김 시인의 자녀를 향한 기원, 즉 자녀들에게 보내는 당부의 편지 같은 이 시는 길지 않다.

세네카의 말을 떠올리게 하는 시다.

"진리의 말은 언제나 간단하다. 진리는 복잡을 싫어

하고 수식을 좋아하지 않는다"
 셰익스피어도 "수식어는 말의 힘을 약화시킨다"라고 했다.
 그렇다. 간결은 지혜의 생명이다.
 간결은 진실의 옷이다. 진실한 말은 언제나 간결한 옷차림으로 나타난다.

「이 손 잡고 가소서」는 김 시인 자신의 바람을 담은 시다.
 1연 내가 주님을 잡고 갈 기운이 없네요
 2연 끝날까지 이끄소서
 3연 갈 곳 모르는 나를 손 잡고 가소서
 주님은 마태복음 28장을 통해 말씀하셨다.
 "볼지어다 내가 세상 끝날까지 너희와 항상 함께 있으리라 하시니라"
 이 말씀은 부활하신 주님께서 하늘로 승천하기 전에 남긴 말이다.
 주님께서 그의 손을 잡아 주시기를 빈다.

4부에서 유난히 눈에 드는 시가 있다.
「가야인의 노래」란 시다.
 김해 구지봉 입구 계단 옆 비석에 새겨져 있는 시를 인용하고 있다.

"우리의 머리 되신 하나님이 오셔서 우리를 구원하소서"라는 기도다.

각설코 이 기회를 빌려 밝히고자 하는 것은 우리의 역사 속에 가야국이 있었다는 사실이다. 김해 김씨, 김해 허씨, 인천 이씨 등이 가야국의 후예들이고, 근간에 와서는 김해시가 "가야 왕도의 도시 김해"란 별칭을 사용하고 있다.

익히 알려져 있는 대로 우리나라는 기원전에는 환국, 배달, 조선의 삼성조 시대에서 신라, 고구려, 백제, 가야, 즉 사국시대를 거쳐 통일신라, 고려, 조선시대로 이어져 왔다.

예수님이 승천하신 주후 31년 베드로를 중심으로 한 제자들은 땅끝까지 복음을 전파하라는 주님의 지상명령을 받들어 백성들이 있는 지역을 적어 제비뽑기를 했다.

이때 도마는 인도를 뽑아서 인도의 북부지방을 시작으로 동쪽의 끝인 아유타국에서 복음을 전했고, 이어서 말레이시아 반도를 거쳐 한반도에 도착했다.(지금의 김해)

도마는 낙동강 뱃길을 따라 경북 청도를 거쳐 영주까지 올라갔으며 더 이상 배가 갈 수 없게 되자 이곳이 땅끝이라 생각하여 이서국(이스라엘)이라 명하고 복음을 전했다.

그 후 42년, 도마는 이서국 옆에 있던 사로국(신라의 전신, 샤론을 의미)으로 향했다. 사로국이란 이름은 이스라엘의 샤론 평야에서 따온 것이며 서라벌이라고도 하는데 이는 서울이란 뜻이다.

이서국의 왕에게 두 아들이 있었다.

첫째는 뇌질주일(후에 대가야를 세움)이며, 둘째는 뇌질청예(후에 수로왕)로, 도마로부터 세례를 받았다.

도마 사도는 뇌질청예에게 첫번째 세례를 받았다 하여 "머리 수, 이슬 로"라는 세례명을 주었다.

이날이 바로 서기 42년 3월 3일(삼월삼진)이었다.

뇌질청예는 세례를 받고 하나님의 은혜를 구하면서 하나님의 나라가 임하기를, 주님이 왕으로 오시기를 부르짖으며 기도했다.

그의 기도가 바로 김정석 시인이 소개하고 있는 영대왕가(구지가)인 것이다. 그 내용은 김정석 시인이 소개하고 있는 영대왕가(구지가)를 참고하면 되고, 놀라운 것은 수로왕뿐만 아니라 5명이 함께 도마 사도로부터 세례를 받았다는 사실이다.

도마 사도는 하나님 나라의 상징으로 예수님의 상징인 물고기를 생각하고 국호를 '가야'로 정했다. 가야는 히브리어로 '카르, 키랏 즉 민족, 백성'을 의미한다.

가야라는 말은 드라비아어로 물고기를 의미한다.

물고기는 초대교회에서 기독교인들 사이에 사용된 암호였으며, 헬라어 예수 그리스도는 하나님의 아들이며 '구세주'라는 말의 이니셜, 즉 물고기(익투스)라는 말이다.

더 구체적인 내용은 『사도 도마와 아시아 교회』(이용봉 목사 저)를 참고하면 된다.

5부에는 「잠들 수 없는 밤」을 비롯하여 21편의 시를 담고 있다.

「잠들 수 없는 밤」은 작금의 우리나라 정치 현실을 날카롭게 지적하고 있는 시다. 오늘을 살고 있는 시인에게는 선비의 역할을 감당해야 하는 사명도 주어져 있다. 관리들이 부패하고 나라가 부정과 부패에 빠졌을 때 선비들은 일어섰다. 그리고 잘못된 것을 고치기 위해 성균관(대학상) 유생들이 일어나 결사항전했다. 김 시인의 「잠들 수 없는 밤」은 이 시대에 꼭 필요한 외침임을 깨닫게 된다.

「이별」이란 시 속으로 들어가 보자.
"같이 못 가면 이별이요/두고 가도 이별이라//함께 하는 시간은/이별의 순간까지라/아끼고 사랑하고/소중히 여길 순간이라"

―「이별」 일부

사람이 일생을 사는 동안 반드시 경험하게 되는 것이 이별이다. 대표적으로 소월의 시에 등장하는 「진달래꽃」 역시 이별이 주제인 시다. 문제는 이 이별이 한과 맞닿아 있다는 점이다.

독일의 실존주의 철학자 마르틴 하이데거는 이별을 '상실'로 표현했다. "나의 몸과 마음이 편히 쉬고, 포근하게 안길 정다운 품을 잃어버렸다"고 했다.

그는 고향을 상실한 사람을 가리켜 '이방인'이라고 했다. 이방인은 언제나 외로운 사람이다.

김 시인은 이별을 가리켜 "같이 못 가면 이별이요 함께하는 시간은 이별의 순간까지라"고 했다.

그래서 그는 말한다.

"이별의 순간이 오기까지 아끼고 사랑하고 소중히 여기며 살아야 한다"라고 밝히고 있다.

다음은 「그날이 올 때까지」를 살펴보자.

1연 찔레꽃처럼 살다 가자/나만의 향기를 날리며 살다가 가자

2연 벌이 오면 두 팔로 안아주고/나비 오면 함께 춤추고/흰 꽃잎 흔들며/창조의 노래를 부르다가 가자

참으로 경쾌한 시다. 향기를 날리며, 두 팔로 안아주고, 춤추며 창조의 노래를 부르다가 가자고 밝히고 있다.

6부는 「시작과 끝」을 비롯하여 15편을 담고 있다.
「시작과 끝」은 매우 짧은 시로서 과정도 중요함을 일깨워 주는 시다.
우리가 시를 쓸 때 염두에 두어야 하는 것이 있다.
그것은 분명하게 쓰고, 짧게 써야 한다는 것이다.
짧다는 것은 쓰는 사람이 소재를 잘 정리하고 있다는 증거이기 때문이다. 뿐만 아니라 짧기 때문에 독자에게 부담을 주지 않는다.

김정석 시인의 시에는 특징이 있다. 그것은 전체적으로 길지 않다는 점이다.
「우리가 만나야 하는 이」도 그렇다.
2연 목마른 자들아 수가성 우물가로 가자
3연 하나님의 뜻을 알고 싶거든 감람산으로 가고
     그의 계명을 받고 싶거든 시내산으로 가거라
시의 배경은 수가성 우물과 감람산과 시내산이다.
수가성 우물은 요한복음 4장에 기록되어 있는 말씀이다. 정오에 우물로 나와서 여자에게 영원히 목마르지 않는 물을 주셨다. 이 물은 구원의 물이었다.
감람산은 예루살렘의 동쪽에 위치한 산으로 감람나무가 많아서 붙여진 이름이다.
이 시를 통해 수가성 우물과 감람산과 시내산으로 가서 예수 그리스도를 만나야 한다고 강조하고 있다.

3. 결어

김정석 시인의 일곱 번째 시집 『내 모습 이대로』에 담긴 시들을 대략적으로 평설해 보았다.

1부에서 6부에 이르기까지 짧은 서정시와 자유시들이 빛을 발하고 있었다.

또한 사용한 어휘(시어)들이 간결하고 평명했다. 어려운 말로 어려운 논리로 어렵게 표현한 곳이 없었다. 뿐만 아니라 이 시집에 담겨 있는 시들은 하나같이 간결했다.

앞서 언급한 바 있지만 수식어가 많은 말이나 문장은 우리를 감동시키지 못한다.

김 시인은 가슴속에 담고 있는 말이 있었다. 그것은 복음을 외치는 것이었다. 절실하고 강렬한 의지를 가진 외침이었다.

이러한 외침은 「내일은 늦으리」에서도, 「외치는 자의 소리」에서도, 「부르고 싶은 이름」에서도 나타나고 있다.

특히 「가야인의 노래」에서 수로왕의 비문을 옮겨 소개한 것은 매우 고무적이라 할 만하다.

김정석 시인의 일곱 번째 시집 『내 모습 이대로』의 발간을 축하하며, 계속적인 믿음의 진군과 문학적 지향이 빛을 발할 수 있기를 기원하면서 평설을 마무리한다.

*김홍식
 시인, 문학평론가
 전 창신대학 문예창작과 외래교수
 국제펜 한국본부, 한국문협, 경남문협 회원
 경남기독문인회 회장 역임/이사
 쉴만한물가 심사위원/총무